Les châteaux-forts et les chevaliers

Alain Dag'Naud
agrégé d'histoire

Dessins de Samuel Buquet
crayonnés et mise en couleurs de Christophe Lazé

Les châteaux-forts et les chevaliers

EDITIONS JEAN-PAUL GISSEROT
10, rue Gracieuse 75005 Paris

Les grandes peurs du Moyen Age

La Gaule vivait en paix sous le contrôle des légions romaines. Le pays était prospère, les champs étaient cultivés et pouvaient nourrir tous les habitants. Par les rivières et les routes pavées, les marchands allaient de ville en ville vendre et acheter des produits.

De l'autre côté du Rhin, des peuples miséreux rêvaient de cette richesse. Ils entrèrent d'abord en Gaule par petits groupes, adoptèrent les coutumes gallo-romaines, se marièrent et travaillèrent sur place. Mais ces peuples que l'on appelait barbares parce qu'ils étaient différents, se firent de plus en plus nombreux, menés par des chefs ambitieux, avides de richesses et de puissance.

Un redoutable Viking

Des brigands à l'affût

Le pillage d'un village

Lorsqu'ils virent que les Romains ne pouvaient surveiller toutes les frontières, ils passèrent à l'attaque. Ce furent d'abord les Francs vers 350, puis à partir de 406 les Burgondes, les Vandales, les Alains, les Wisigoths qui franchirent le Rhin et pillèrent les villes. Vinrent ensuite les Sarrasins musulmans arrêtés à Poitiers en 732, puis à partir de 810 les redoutables Vikings venus du nord sur leurs drakkars, qui remontaient le long des fleuves pour attaquer les cités de l'intérieur, tuer et remporter le maximum de butin. Le pays vivait dans l'insécurité et la misère.

La motte

La défense s'organise. Elle est d'abord menée par les chefs de l'Église qui font consolider les remparts des cités. À Paris, une jeune femme, Geneviève, organise la résistance des habitants et fait reculer les Huns. Germain, évêque d'Auxerre, n'hésite pas à marcher seul au-devant de Goar, le chef des Alains qui chevauche un cheval caparaçonné avec la peau des hommes qu'il a tués. Impressionné par tant de courage, le chef barbare fait demi-tour.

Dans les campagnes, des chefs locaux, souvent grands propriétaires, font construire des châteaux sur les hauteurs d'où ils peuvent surveiller les environs et éviter les attaques surprises. Ils en profitent pour affirmer leur pouvoir sur les habitants des alentours et pour imposer des péages aux marchands qui passent par là.

Le bûcheron abat des arbres pour édifier le château

Lorsqu'il n'y a pas de colline, on érige une butte artificielle de terre et de pierres, la motte, au talus raide ceinturé d'un fossé profond de trois mètres et large de quatre qui retiendra les assaillants. Une palissade de gros pieux effilés entoure la motte. Pour édifier le château, on abat environ 8 000 gros arbres, surtout des chênes, que l'on fait sécher à l'air puis que l'on fume pour les empêcher de pourrir. Les hommes du village sont alors mis à la corvée pour dresser au sommet une tour haute de trois étages, qui résistera aux flèches, aux pierres et aux coups.

La construction du château de pierre

Le vrai danger du château de bois, c'est le feu. À partir de l'an mil, on édifie donc des châteaux de pierres. Celles-ci sont extraites de carrières locales, sciées sur place puis amenées jusqu'au chantier sur des chariots tirés par des bœufs. Les blocs les plus gros sont enfoncés profondément dans le sol pour servir de fondations. Au-dessus, on élève deux parements, c'est-à-dire des murs parallèles entre lesquels on tasse des cailloux, du sable et de la chaux imbibés d'eau. L'ensemble forme un mélange compact qui pourra résister aux chocs d'un éventuel assaut.

Les outils des constructeurs

Un appareil de levage

Le tailleur de pierre

Les charpentiers

Le menuisier

Puis les ouvriers construisent les tours. Ignorant le vertige, ils sont juchés en équilibre sur des échafaudages installés sur des poutres fichées dans les murs. L'ensemble est achevé lorsque les tours sont coiffées de toits en cône pour abriter les gardes de la pluie, et que l'étendard du seigneur flotte à leur sommet.

Pour édifier le château, il y a bien sûr des ouvriers spécialisés, carriers qui extraient et taillent les pierres dans les carrières, maçons, forgerons et menuisiers. Mais la main-d'œuvre est surtout composée de simples paysans réquisitionnés. Le seigneur fait ainsi des économies et montre qu'il est le chef. Son château marquera non seulement sa puissance face aux ennemis, mais aussi et surtout sa domination sur les habitants de la région.

Les remparts

La muraille, que l'on appelle aussi courtine, s'élève à plus de dix mètres pour empêcher toute escalade. Elle est épaisse de cinq mètres à sa base et de deux au niveau du chemin de ronde d'où les guetteurs surveillent les alentours et peuvent donner l'alerte lorsqu'une troupe ennemie approche. En cas d'attaque, les gens d'armes décochent des flèches par les créneaux et se cachent après chaque tir derrière les merlons en forme de dents.

Aux angles et de chaque côté de la porte, de grosses tours, le plus souvent rondes mais aussi carrées, sont percées de meurtrières par lesquelles les gardes surveillent tous ceux qui tenteraient de s'approcher des murs. Ces meurtrières sont évasées côté intérieur pour faciliter le maniement de l'arc, et étroites vers l'extérieur pour ne pas laisser pénétrer les flèches.

Le hourd

Un mâchicoulis

Le chemin de ronde

Au-dessus de l'entrée et au sommet des tours, une galerie de bois, le hourd, surplombe le vide. De là, les soldats peuvent laisser tomber des projectiles sur les assiégeants. Dans certains cas, le hourd de bois est remplacé par une avancée de maçonnerie percée de trous à la base. On parle alors de mâchicoulis. Les pierres jetées de là-haut ricochent sur la base élargie du mur pour mieux écraser les assaillants.

À l'entrée du château

En avant de la porte principale du château, un fortin, la barbacane, permet de tenir les ennemis en respect. Juste derrière, un pont s'engage au-dessus de la douve emplie d'eau ou du profond fossé. Il est interrompu pour donner sur le vide et seul un pont-levis le relie au château. Le pont-levis est souvent composé de deux parties, un passage étroit pour les piétons, un tablier de bois plus large pour les charrois et les cavaliers.

Des hommes restent constamment en faction dans une pièce au-dessus du porche d'entrée pour tirer les chaînes du pont-levis avec un treuil et remonter la passerelle de bois qui vient ainsi se plaquer contre la porte qu'elle protège. Une échauguette, petite logette en avancée au-dessus de l'entrée, permet aux sentinelles de surveiller les allers et venues tout en restant au chaud car la pièce est munie d'une cheminée.

Deux fermetures complètent le pont-levis : une herse, grosse grille aux croisillons de fer que les servants du pont-levis sont chargés de monter et d'abaisser. Puis une lourde porte de bois bardée de fer, que l'on maintient fermée avec deux énormes poutres de bois et une impressionnante serrure. Dissimulées dans le mur d'enceinte, une ou plusieurs portes étroites, les poternes, permettent de sortir discrètement du château.

Le pont-levis

Le donjon

Le donjon est comme une forteresse à lui tout seul. Haut parfois de 40 mètres, il domine le château et constitue le dernier refuge du seigneur et de la garnison. Une passerelle franchit le fossé qui l'entoure. Elle donne accès directement au premier étage, dans la grande salle où le maître des lieux reçoit ses invités, dîne, organise des fêtes et rend la justice.

Sous la grande salle, une pièce sans fenêtres sert de réserve à bois, à vin et à grains. On y garde aussi les armes. Parfois, une porte secrète, dissimulée dans le mur, donne accès à un souterrain débouchant loin du château. Il est possible de s'échapper par là en cas de danger. Une trappe dans le sol du cellier communique avec des oubliettes, vrais culs-de-basse-fosse* où peuvent croupir des prisonniers.

Un escalier en colimaçon creusé dans l'épaisseur de la muraille conduit de la grande salle à la chambre du seigneur. Le sol est en bois recouvert de tapis de laine ou de fourrures, les murs sont peints ou revêtus de tentures. Le grand lit est entouré de rideaux qui protègent du froid. À l'étage au-dessus, une grande pièce est encombrée de lits où l'on dort à trois ou quatre, serviteurs dans les uns, enfants du seigneur et invités dans les autres. Au sommet du donjon, des soldats surveillent en permanence l'horizon.

Cul-de-basse-fosse : cachot souterrain, à peine éclairé par une mince ouverture. Heureusement, les détenus sont rares. Les malfaiteurs sont simplement chassés du village, les seigneurs prisonniers partagent souvent le logis du maître.

Le château et son donjon

Un donjon carré

Dans la grande salle

Haute de plafond, au sol en dalles de pierre recouvertes dans les grandes occasions de paille et de fleurs, elle est la salle d'apparat où s'exprime la puissance du seigneur. Au fond, un fauteuil à grand dossier est réservé au châtelain. Il y rend la justice, il y reçoit l'hommage de ses sujets, il y perçoit l'impôt. L'écusson de la famille apparaît sur le manteau de la cheminée, la bannière seigneuriale est accrochée au mur. Dans les riches familles qui possèdent plusieurs châteaux, les luxueuses tentures qui ornent les murs sont enlevées pour suivre le seigneur lorsqu'il change de demeure.

Un peu partout, des coffres remisent les vêtements roulés en boules, la vaisselle et l'argenterie. Dans un coin, un grand baquet permet de prendre un bain. L'hiver, tout le monde se regroupe sur les banquettes à l'intérieur même de l'immense cheminée où peuvent brûler des troncs entiers. Damoiseaux et gentes dames s'asseyent sur les coffres, sur les bancs, sur des bottes de paille recouvertes d'étoffes, ou tout simplement par terre. Quand il fait beau, on aime s'asseoir sur des coussins dans l'ébrasure de la fenêtre pour broder, lire, discuter ou regarder dehors.

Un festin

Les fenêtres n'ont pas encore de vitres, tout juste des feuilles de parchemin huilé, et seuls des volets de bois intérieurs font office de coupe-vent. En fait, il fait souvent froid dans cette vaste salle humide.

La fête au château

Les invités se réunissent dans la grande salle lors des festins. Les coffres ont été poussés sur les côtés, le sol fraîchement lavé est recouvert de joncs, d'herbes et de fleurs odorantes. Les écus et les armes accrochés aux murs brillent de tous leurs feux. La table est immense, recouverte d'une nappe blanche qui cache les tréteaux de bois. Elle est installée en U pour assister au spectacle donné par les jongleurs, les montreurs d'ours, les ménestrels et les chanteurs. Le seigneur préside; sa femme est à ses côtés.

La cuisine du château est immense

Un serviteur tend à chacun un bassin d'eau pour se laver les mains. Le bouteiller fait goûter les vins dans de grands verres, les hanaps, puis des serviteurs apportent les mets préparés dans la cuisine voisine par le maître queux : sanglier, cygnes et paons rôtis, beaucoup de gibier que le seigneur lui-même est allé chasser. Il dispose en effet du privilège de chasse. Le seigneur arrache à la main des morceaux de viande qu'il fiche à la pointe de son couteau pour les tendre à sa femme et à ses voisins qui mangent avec leurs doigts.

Chez les seigneurs les plus riches, la vaisselle est d'or ou d'argent, mais les plus pauvres mangent dans des écuelles de bois ou sur de grosses tranches de pain. À la fin du festin, les miches imbibées de jus seront distribuées aux pauvres qui attendent à l'extérieur. Puisqu'il n'y a pas de légumes, les convives passent directement aux desserts, tartes, gaufres et fruits accompagnés d'un vin sucré au miel.

Au service du château

La haute cour du château, tout contre le donjon, rassemble ceux qui servent directement la puissance du seigneur : on y trouve les logements des soldats, les écuries des chevaux, le chenil des chiens et la volière où le fauconnier apprend à chasser à ses puissants rapaces.

Dans la basse cour, située à l'ombre des murailles entre la première et la seconde enceinte, vivent et travaillent les paysans attachés à la réserve* du seigneur, les artisans et les serfs*. Le maréchal-ferrant forge sur son enclume les précieuses épées à la lame tranchante et les fers des chevaux. Le charron répare les chariots, le vannier prépare les paniers. Le meunier moud le grain au moulin et l'on fait cuire le pain au four banal*. Des serfs déchargent des sacs de marchandises. Les femmes tirent de l'eau au puits. Lorsque celui-ci n'existe pas, une citerne recueille l'eau de pluie. En cas de siège, des soldats veillent en permanence autour de ces points d'eau, indispensables à la survie. Et partout des animaux, cochons, oies et poules errent en liberté.

Hors du mur d'enceinte, le seigneur dispose d'un verger où il fait cultiver des légumes et des plantes médicinales, où il cueille des fruits, où il aime à se promener avec ses amis.

Réserve : Terre exploitée directement par le seigneur.

Serf : Personne attachée à la terre et au seigneur.

Four banal : Four où les habitants sont obligés de faire cuire leur pain en payant une redevance au seigneur.

Le four à pain

Un rémouleur affûte les lames

Un vannier prépare les paniers

Le fauconnier

La nuit au château

On se couche tôt, surtout l'hiver, mais on se lève tôt, avant le soleil, dans le château qu'éclairent à peine des torches ou de grosses lampes à huile suspendues aux murs. Après le souper, qui se termine au plus tard vers 21 heures, le seigneur et ses proches se réunissent pour une veillée. Les visiteurs de passage, qui sont toujours les bienvenus, parlent de leur région d'origine et racontent leurs aventures sur les routes mal entretenues, boueuses, parfois dangereuses lorsque l'on y rencontre des bandes de brigands. Puis les uns et les autres gagnent les chambres.

Le châtelain et son épouse dorment dans le même lit installé sur une estrade et isolé par des tentures accrochées à un baldaquin. La tête est contre le mur, les pieds font face à la cheminée que l'on n'allume que le soir pour profiter plus longtemps de la chaleur. Les enfants et les visiteurs montent à l'étage supérieur où ils partagent le même lit immense, plus large que long, où l'on peut dormir à quatre ou à six. Ils se couvrent la tête d'un bonnet et quittent leur chemise qu'ils roulent sous l'oreiller. Puis ils passent sous la couette et les édredons où ils se pressent les uns contre les autres pour se protéger du froid et des terreurs de la nuit. Car l'on croit que des fantômes hantent les couloirs, que dehors, la forêt se peuple d'animaux qui parlent et de sorciers qui préparent des potions magiques.

Les gardes font leur ronde pour éviter une attaque de nuit par trahison.

La chapelle

Le château possède une chapelle où le seigneur et sa famille se rendent chaque matin, aussitôt après la toilette, avant d'avoir mangé quoi que ce soit, pour prier Dieu. Ce sanctuaire est un lieu à part. Lui seul a des fenêtres ornées de vitraux. Dans un coffre sont gardés, sous la protection divine, les documents importants. Des gisants* rappellent le souvenir des ancêtres. Des statues représentent les saints protecteurs de la famille comme saint Michel qui terrasse le dragon avec sa lance, saint Hubert, patron des chasseurs, saint Martin, le valeureux soldat qui donne la moitié de son manteau à un pauvre… Si le seigneur est allé en croisade en Terre sainte ou en pèlerinage à Saint-Jacques de Compostelle ou au Mont-Saint-Michel, il a pu en ramener des restes sacrés qui sont conservés dans un reliquaire précieux.

Le seigneur a une foi profonde, par crainte de Dieu, par crainte de l'Église : il ne prend qu'un seul repas sans vin ni viande le mercredi, le vendredi et à la veille de chaque grande fête. Il prie tous les jours, distribue des aumônes. Lorsqu'il est en guerre, il s'efforce de respecter la « paix de Dieu » qui lui impose de protéger les femmes, les enfants et tous ceux qui ne combattent pas. Il suit aussi la « Trêve de Dieu » qui interdit de combattre entre le vendredi soir et le lundi matin ainsi que lors des grandes fêtes religieuses. Le seigneur en tire un surcroît de prestige et de pouvoir. Il a l'appui du curé et de l'évêque, il se présente auprès de ses sujets comme le représentant de Dieu sur son territoire.

Gisants : statues étendues qui représentent des morts.

L'évêque est un grand seigneur. Il est ici accompagné d'un moine et d'une religieuse.

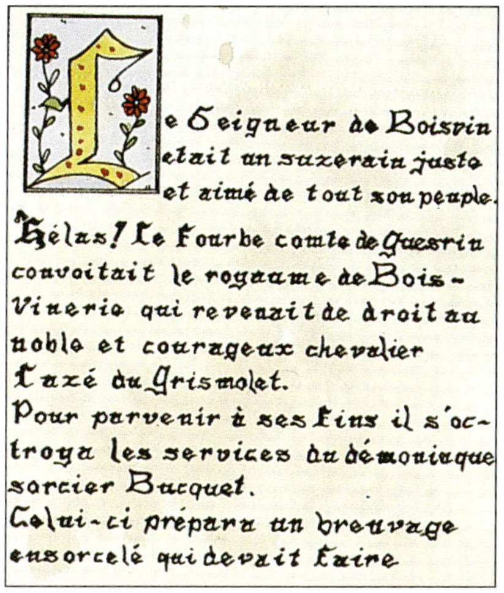

Le Seigneur de Boisvin
etait un suzerain juste
et aimé de tout son peuple.
Hélas! Le fourbe comte de Guesrin
convoitait le royaume de Bois-
Vinerie qui revenait de droit au
noble et courageux chevalier
Luxé du Grismolet.
Pour parvenir à ses fins il s'oc-
troya les services du démoniaque
sorcier Bucquet.
Celui-ci prépara un breuvage
ensorcelé qui devait faire

Un manuscrit enluminé conservé dans la chapelle.

Devenir chevalier

Pour accéder à la chevalerie, il faut se faire l'homme d'un autre homme, s'attacher à un parrain plus puissant, lui être fidèle, devenir son « vassal ». En échange, le seigneur offre sa protection et donne une terre, le fief, sur lequel le jeune seigneur pourra construire un château. Dans ce système féodal, c'est-à-dire qui repose sur le fief, le vassal a des devoirs envers son « suzerain » : il lui doit surtout l'ost, un service militaire de 40 jours par an maximum, et la chevauchée, pour des expéditions courtes. Il doit suivre un code de l'honneur : respecter la parole donnée, protéger les faibles et les gens d'Église.

Souvent fils de seigneur, le futur chevalier est confié très jeune, il a moins de dix ans, par ses parents à un protecteur. Dans le château de celui-ci, il apprend l'équitation, les techniques de la

Le futur chevalier joue au tournois

Il sert à la table du seigneur

Il s'exerce au combat avec des armes en bois

L'écu, l'épée et la dague.

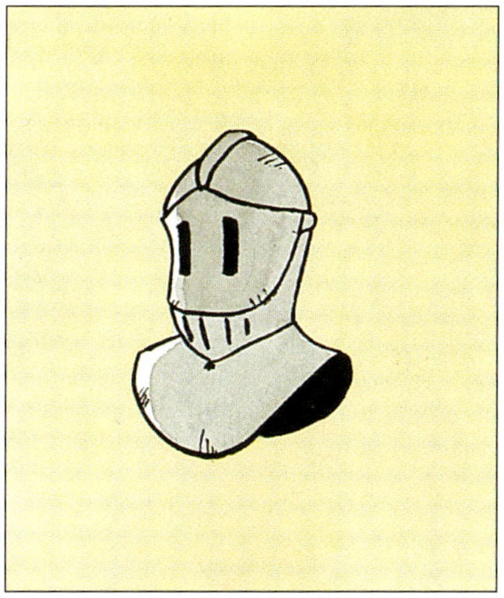

Le heaume protège la tête et le cou. Il ne se porte qu'au combat.

À genoux devant le seigneur, il dit « Je suis ton homme » et lui jure fidélité. Le seigneur lui donne alors la colée en le frappant au cou avec la paume de la main ou sur l'épaule avec le plat de l'épée : « Au nom de Dieu, de saint Michel et de saint Georges, je te fais chevalier. ». Il lui donne enfin une poignée de terre, symbole du fief qui lui est remis.

chasse et le maniement des armes. Il sert aussi de valet. Vers 16 ans, il devient écuyer (porteur d'écu) et accompagne son seigneur aux tournois et dans les réceptions. Enfin, il est adoubé chevalier par son seigneur qui lui remet des éperons pour monter à cheval, un haubert, ou cotte de mailles, un heaume, une lance, un écu et surtout une épée. Il en est de célèbres : Excalibur au roi Arthur, Joyeuse à Charlemagne.

Il se confesse avant de passer la nuit dans la chapelle

Il se prépare pour l'adoubement

Le tournoi

En dehors de la chasse et de jeux comme les dés ou les échecs, les divertissements préférés des seigneurs sont les tournois. Dans chaque province on en compte environ un tous les quinze jours entre mars et novembre. Quelques semaines avant la rencontre, le seigneur qui organise le tournoi le fait annoncer dans tous les environs. Ainsi, les concurrents auront le temps de se préparer et les spectateurs d'accourir. Les participants sont nombreux : ils aiment ces sports violents, ils espèrent surtout s'enrichir car les vaincus verseront une rançon ou céderont leur cheval au vainqueur. Il y a des champions de tournois qui gagnent des fortunes et attirent les foules.

Un chevalier s'entraîne à la quintaine avec un mannequin de bois qui tourne.

Le tournoi se déroule dans un champ près du château. Il va durer trois jours. Une estrade a été installée pour les hôtes de marque, des tentes sont prévues pour les chevaliers, des marchands ont installé leurs tréteaux pour vendre leurs produits au public. Dans les premiers temps de la féodalité, deux camps s'affrontaient en des mêlées confuses. Il y avait des blessés et des morts. Par la suite, les combats se déroulèrent en séries de joutes de deux combattants seulement.

Les cavaliers s'élancent l'un vers l'autre, leur lance tendue à l'horizontale, chacun cherchant à désarçonner son adversaire. Puis on se bat à pied à l'épée. Chaque soir on soigne les blessés et l'on fait ripaille, on danse et on chante. Au soir du troisième jour, la dame du seigneur remet au vainqueur son foulard ou un cadeau.

Le siège

La préparation du siège

Les guerres entre seigneurs sont fréquentes, pour venger un affront ou récupérer du butin. Le seigneur ennemi dévaste d'abord les terres et brûle les villages avant de mettre le siège devant le château. Les paysans sont tués s'ils n'ont pas eu le temps de se réfugier à l'abri des murailles avec leurs bêtes. Ce bétail permettra d'éviter la famine si le siège dure trop longtemps, plusieurs mois parfois.

L'assiégeant fait d'abord creuser un fossé et édifier une palissade autour du château pour empêcher les approvisionnements. Il plante ses tentes, élève des hangars pour abriter les chevaux et les vivres. Les chevaliers portent des cottes de maille, longues chemises formées de milliers d'anneaux de fer. Les soldats sont puissamment armés d'arcs qui peuvent décocher une flèche jusqu'à 200 mètres, d'arbalètes que l'on bande avec un cric et qui sont redoutablement précises, de lances longues de 3 mètres, et d'épées.

Il y a aussi des machines de guerre, des catapultes qui projettent des javelots et des poutrelles, et des balistes qui lancent d'énormes blocs de pierre de 20 ou 30 kg et même des cadavres dans l'espoir de provoquer une épidémie dans le château. Des béliers sont amenés, longues poutres de bois à la tête bardée de fer qui défonceront la porte d'entrée.

À l'assaut

Construction d'une tour d'attaque

Pour mettre fin au siège, les assiégés peuvent tenter une sortie et organiser une bataille à découvert. La chevalerie des deux camps se précipite alors l'une vers l'autre dans une formidable mêlée. Entre seigneurs, on ne cherche pas à se tuer, simplement à se faire prisonnier pour demander ensuite une rançon. Si nul ne sort vainqueur du combat, le siège continue.

Il peut durer longtemps quand le château dispose de vivres et d'eau. Les assiégeants se découragent, les vassaux souhaitent rentrer chez eux au plus vite, les mercenaires payés pour faire la guerre coûtent de plus en plus cher. Il faut donc attaquer. La barbacane est assaillie la première. Une pluie de flèches s'abat sur les créneaux et le chemin de ronde. Les catapultes, les mangonneaux et les trébuchets lancent leurs projectiles qui viennent s'écraser sur les gens du château et détruisent des pans de la muraille.

À l'emplacement du pont-levis, des soldats comblent le fossé de terre, de pierres et de bois pour amener le bélier jusque devant l'entrée. Plusieurs hommes, protégés par un toit incliné qui dévie les projectiles lancés des tours, balancent cette poutre de bois contre la porte. De gigantesques tours roulantes à plusieurs étages de bois, plus hautes que la courtine, sont chargées de déverser les soldats sur le chemin de ronde. Plus dangereux, des mineurs creusent une galerie souterraine qui aboutit sous la muraille, des sapeurs descellent les pierres de fondation, on empile du bois sec et de la paille auxquels on met le feu pour faire s'effondrer la courtine.

Une bombarde

Une catapulte

La défense

Avec des crochets, les assiégés agrippent les échelles appuyées contre la courtine et les basculent dans le vide avec leurs guerriers. De l'huile bouillante et du plomb fondu sont jetés du haut des mâchicoulis. Des pointes de fer, les chausse-trapes, sont jetées dans les fossés où elles s'enfoncent dans les pieds des hommes et les sabots des chevaux. Par le hourd qui surplombe la porte, les pierres jetées écrasent le bélier. Une baliste installée sur le donjon tire des flèches d'étoupe* enflammée qui mettent le feu aux tours d'assaut pourtant recouvertes de peaux de bêtes et de mottes de gazon humide.

Des bassins de cuivre contenant des boules métalliques révèlent par leur cliquetis le lieu exact d'une galerie de mine. Il faut alors creuser à son tour pour assaillir les mineurs ou édifier en hâte un deuxième mur derrière le rempart. Lorsque celui-ci s'effondre, les assaillants ne peuvent s'engouffrer dans la brèche. Au sommet du chemin de ronde, de furieux corps à corps opposent les soldats armés d'épées, de haches, de fouets, de piques et de masses d'armes à la massue hérissée de pointes.

Un archer

Un soldat jette un bloc de pierre sur les assiégeants

Un arbalétrier

Au XIVe siècle, les trébuchets qui ne peuvent envoyer des projectiles que toutes les 2 ou 3 heures, sont remplacés par des canons à poudre, les bombardes, qui tirent beaucoup plus vite des boulets de pierre puis de métal. Instrument d'attaque, le canon est aussi utilisé en défense, installé en haut des tours où l'on enlève le toit pour tirer plus facilement.

Étoupe : un tampon fait grossièrement à base de fils de tissu.

Citadelles et forteresses

Il n'y a souvent ni vaincu ni vainqueur dans les guerres entre seigneurs, et les opposants finissent par se retirer quand arrive l'hiver. Les principales victimes sont les habitants des alentours. Les campagnes sont ravagées, les maisons des paysans brûlées, alors que les seigneurs font bien attention à ne pas se tuer entre eux. Lorsqu'une rançon est demandée, ce sont les pauvres qui la payent sous forme d'impôts. Pour la population, l'installation d'un château n'est pas une protection. Elle marque seulement l'affirmation de la puissance et du pouvoir d'un homme, elle assure son contrôle sur un territoire d'un rayon de 6 à 8 km que parcourent ses patrouilles à cheval.

Le roi lui-même veut mettre fin à l'arrogance des seigneurs locaux. Aux frontières et sur les sites stratégiques, il fait élever des forteresses dont la fonction n'est pas de loger un seigneur et sa famille mais d'abriter une garnison importante qui sera chargée de faire régner l'ordre. Face aux canons et à l'artillerie nouvelle, les hautes tours fragiles sont peu à peu abandonnées. On préfère renforcer les murs et établir de hauts talus qui en cachent la base et dévient les boulets.

La cité de Carcassonne protégée par une double enceinte.

Le Louvre, résidence du roi à Paris

La forteresse de Tarascon, sur les bords du Rhône

Pour assurer la tranquillité du commerce et du travail des artisans, les villes sont protégées par de puissantes enceintes. Le roi y établit des citadelles qui affirment sa suprématie et lui permettent de contrôler les voies de passage. La paix revient peu à peu.

Résidences et palais

Après la fin de la guerre de Cent Ans, dans les années 1450, les puissants châteaux forts sombres, froids et humides, sont délaissés. Les seigneurs leur préfèrent des demeures plus ouvertes où l'aspect militaire disparaît. Par habitude, on garde le pont-levis, des tours et des mâchicoulis, mais on veut surtout vivre confortablement. La grande salle subsiste

Le château d'Azay-le-Rideau, tout entouré de douves en eau.

Le château de Chenonceau. De la forteresse médiévale ne reste qu'une tour. Le nouveau logis est bâti sur le lit du Cher. Deux étages de galeries magnifiques enjambent le fleuve. Dans le parc et la salle d'apparat sont organisées des fêtes somptueuses où les femmes se déguisent en sirènes.

pour les réceptions. On n'y rend plus la justice, on ne s'y lave plus, on n'y dort pas. Les étroites meurtrières sont remplacées par de larges fenêtres avec des vitres. Les chambres immenses où l'on dormait à plusieurs sont divisées en pièces plus intimes. Les couloirs étroits où l'on s'embusquait pour guetter l'ennemi font place à de larges galeries. L'escalier à vis se transforme en un magnifique escalier monumental.

Autour du château, les larges fossés emplis d'eau n'ont plus pour fonction de protéger contre un assaut. Ils mettent en valeur la beauté de l'édifice qui s'y reflète. À l'intérieur, le luxe du décor exprime la richesse du propriétaire : sculptures, peintures et tentures sur les murs, carrelages et tapis au sol, tableaux, vitraux, meubles de bois travaillé. De la maison forte, on est passé au château de plaisance.

Chapitres

 Cet ouvrage a été imprimé en France par POLLINA S. A. 85400 Luçon.
N° d'impression : L42970B
Imprimé en France